VENDERE ONLINE

"La guida completa per un e-commerce di successo"

A cura di Antonio Costanzo

Indice

Introduzione

Il termine "**e-Commerce**" indica le operazioni relative ad

attività commerciali e transazioni effettuate a distanza per via elettronica.

La **vendita** online si realizza tramite piattaforma web,

su cui il venditore carica il catalogo prodotti/servizi così che il compratore lo possa consultare online, scegliendo i prodotti da acquistare e inviando

l'ordine.

A seconda del profilo cliente si parlera' di:

· Business to Consumer (**B2C**): azienda che vende a un privato.

· Business to Business (**B2B**): azienda che vende a un'altra azienda.

In questa guida darò maggiore importanza alle aziende B2C con qualche spunto interessante per le aziende B2B, indicando passo dopo passo come muoversi per iniziare a vendere online nel migliore dei modi.

1. Come iniziare

Prima di iniziare con la **progettazione** del nostro negozio online dobbiamo effettuare un analisi di mercato e individuare i maggiori competitor, capire come sono organizzati, su quali canali sono presenti, a che prezzo offrono i loro prodotti/servizi.

Quali sono le principali piattaforme di promozione che utilizzano, cercare feedback e commenti in rete per capire i punti di forza e punti deboli,

in sintesi bisogna fare un **analisi** preliminare per poterci confrontare.

Successivamente annotiamo su carta il nostro progetto,

si prepara una bozza di business plan approssimativo per individuare i punti essenziali e focalizzarli per rifletterci sopra riguardo la fattibilità del progetto.

Bisogna comprendere quali sono i costi da sostenere, le piattaforme

da utilizzare, i canali di vendita da preferire e quindi la **strategia** da attuare

per **promuovere** il sito web.

Tutto questo non è sufficiente se intendiamo vendere prodotti fisici in quanto un altro tassello da nn sottovalutare è la **Logistica.**

Abbiamo intenzione di fare magazzino?

Vendiamo solo su prenotazione?

Riusciamo a spedire in tempi rapidi?

Dunque bisogna organizzare la Logistica per effettuare spedizioni affidandosi

ad un corriere espresso e garantire la consegna della merce

in tempi relativamente brevi.

A questo punto dobbiamo prevedere un Assistenza Clienti rapida e

competente, dobbiamo poi essere in grado di analizzare e

misurare le conversioni per capire i molti aspetti delle vendite online e

dunque saper ottimizzare l'intero processo di acquisto

per aumentare le vendite e crescere.

Infine ma non di secondaria importanza è fondamentale avere sempre un

atteggiamento positivo e *passione* per il web, voglia di imparare e scoprire

sempre nuove strade.

Bisogna essere come dei visionari ed avere l'idea chiara di quali sono gli

obiettivi che vogliamo raggiungere ed essere sempre un passo avanti rispetto

i competitors, per distinguersi e creare un e-commerce di successo, perché il

Web è in **continua evoluzione**.

2. La Piattaforma da utilizzare

Per realizzare un e-commerce si possono scegliere piu' strade, le principali sono tre;

ci si rivolge ad una Web Agency, la quale potrà realizzare il tutto per voi,

ci si può rivolgere ad un amico in grado di farlo oppure se avete un minimo di competenze informatiche potete farlo da voi,

inoltre su internet sono numerosi i siti che offrono la possibilità di aprire un

e-commerce a costi contenuti e in autonomia come ad esempio Shopify.

A seconda del vostro grado di conoscenze dovreste optare per una soluzione piuttosto che per un'altra, tenendo in considerazione molti fattori come

l'assistenza, lo sviluppo, le implementazioni, la manutenzione.

Nel caso in cui vogliate provare a farlo da voi o anche con un amico, quello che vi consiglio è di utilizzare la piattaforma gratuita open-source Prestashop, in quanto è una delle migliori soluzioni per avere tutto il necessario al minor costo possibile con infinite possibilità di implementazione e sviluppo grazie ai numerosi moduli a pagamento e gratuiti che si trovano nel sito ufficiale.

Pertanto con questa piattaforma è possibile creare e personalizzare un vero e-commerce professionale, a proprio gusto e con qualsiasi funzionalità di

ultima generazione.

Tutte le info riguardo questo CMS open source sono disponibili sul sito ufficiale.

3. I Metodi di Pagamento da accettare

Per quanto riguarda i metodi di pagamento da accettare i fattori da tenere in considerazione sono diversi, sia lato cliente che lato venditore.

Per dare la piu' ampia possibilità di pagamento e sicurezza i principali metodi accettati sono tre, **bonifico, paypal, contrassegno**.

Cerchiamo adesso di capirne i pro e i contro di ognuno,

Bonifico Bancario:

questo è un metodo di pagamento anticipato, il piu' sicuro ed economico per il venditore ma dai tempi di attesa piu' lunghi per il cliente che deve attendere qualche giorno prima che sia possibile effettuare la spedizione avendo un

ritardo nella consegna di 2/3 giorni lavorativi, il tempo che questo mezzo

impiega per accreditare il denaro sul conto del venditore.

Paypal:

Paypal è una società che offre servizi di pagamento digitale e di trasferimento di denaro tramite internet in cambio di una percentuale sulle transazioni ma garantendo la massima sicurezza sia per chi vende che per chi compra, è per questo motivo la piattaforma piu' utilizzata per i pagamenti online di cui i clienti si fidano, inoltre è possibile accettare attraverso questa piattaforma qualsiasi tipo di carta di credito o prepagata dei circuiti tipo Visa, Mastercard, ecc,

comunque tutti i dettagli sono sul sito ufficiale di paypal.

Infine un metodo di pagamento molto apprezzato soprattutto dai clienti Italiani è il *contrassegno* cioè pagando in contanti al corriere alla consegna del bene.

Questo metodo benché sia molto apprezzato da clienti nasconde parecchi svantaggi per il venditore,

ad esempio occorre inserire un sovrapprezzo da pagare al corriere per il

servizio di contrassegno che ci offre,

poi bisogna attendere circa 10 giorni lavorativi prima che il corriere ci

accrediti il denaro tramite bonifico bancario e avere il rischio che il cliente

abbia un ripensamento e quindi dover far rientrare la merce e dedicare troppi giorni per l'evasione di un singolo ordine.

Pertanto il mio consiglio è di partire prima accettando bonifico e paypal, poi in una fase successiva valutare se è il caso di offrire anche quest'ultimo mezzo di pagamento, che senz'altro contribuirà a far aumentare le vendite ma dobbiamo tenere in considerazione tutti questi aspetti, logistici e contabili.

4. I canali di vendita

La scelta dei giusti canali di vendita è un punto fondamentale per il successo dell'attività di vendita online,

scegliere i giusti canali e concentrare il tempo sui canali piu' adatti al nostro business potrà rivelarsi un ottima scelta strategica da adottare per

raggiungere fin da subito ottimi risultati.

Se avete un negozio tradizionale, probabilmente vendete i vostri prodotti nel punto vendita fisico, se siete dei grossisti vendete tramite distributori o

rivenditori, se avete deciso di vendere on-line potreste pensare che il canale di vendita sia scontato: il web,

ma nello specifico è importante individuare **come acquisire visibilità** e di conseguenza rendere facilmente "ricercabili" i prodotti/servizi nel web al

pubblico che ci interessa o raggiungerlo tramite mirate campagne di web marketing. E' importante capire che per vendere online non necessariamente bisogna avere un e-commerce o un proprio sito web,

la cosa piu' importante è capire **come raggiungere i nostri potenziali**

clienti che ci interessa raggiungere o che potrebbero essere interessati ai nostri prodotti/servizi. Come prima cosa bisogna individuare i **portali verticali** specifici del nostro settore, di solito sono quelli che funzionano di piu'

essendo monotematici dando il piu' alto ritorno sull'investimento immediato.

7

Ad esempio se sono un venditore di Auto usate potrei inserire nel mio piano di marketing portali come Autoscout o Subito.it,

se vendo elettronica di consumo o prodotti generci, ossia tutto quello che

potrei trovare in un centro commerciale fisico allora potrei scegliere

comparatori di prezzo come Trovaprezzi o marketplace come

Ebay ed Amazon,

se vendo strumenti musicali c'è Mercatino Musicale sito di annunci dedicato solo al settore degli strumenti musicali.

Siccome i Canali di vendita sono moltissimi ed è importante sul web avere la massima presenza su tutti o quasi tutti i principali canali,

è importante, prima di implementarli tutti, scegliere i migliori per il proprio

settore, per non disperdere gli investimenti iniziali probabilmente con un

budget di spesa limitato.

Oltre i portali di annunci di settore, i comparatori di prezzo e i marketplace, ci sono i motori di ricerca e i social network dove poter trovare nuovi clienti.

Nonostante gli abbia menzionati per ultimo, sono i due canali principali per ogni tipo di attività che voglia vendere online.

I motori di ricerca come Google vengono utilizzati dai clienti anche per

ricercare un prodotto o servizio,

Dunque è di fondamentale importanza se abbiamo un e-commerce crearlo ed inserire i contenuti secondo le regole di ottimizzazione per i motori di ricerca (SEO) per essere ben posizionati dai motori stessi quando un utente effettua una ricerca e quindi comparire nelle prime pagine per determinate parole chiave nei risultati organici, nei risultati naturali e non in quelli a pagamento (PPC o AdWords).

Inoltre dobbiamo inserire nel nostro piano marketing la creazione e la

gestione di campagne pubblicitarie AdWords di Google per garantire del

traffico verso il nostro sito sin dal primo periodo per generare delle vendite sin da subito.

I Social media sono uno strumento essenziale per rafforzare la

Brand Awareness quindi popolarità del nostro marchio/sito, è importante

dunque la presenza in tutti i social network maggiormente utilizzati dal nostro

target di riferimento,

sono utili anche per mantenere un contatto one to one con i clienti o

potenziali clienti e mantenere alto il tasso di fidelizzazione, nonché indirizzare gli utenti verso il nostro sito web o fanpage.

Anche delle campagne a pagamento come ad esempio *Facebook Ads*

possono aiutarvi a raggiungere il targhet di interesse ed avere uno strumento di marketing misurabile e ***molto efficace***.

5. Burocrazia, dati web obbligatori e diritto di recesso

Per quanto riguarda la burocrazia e i dati obbligatori occorre rivolgersi ad un commercialista perché le regole sono in continuo cambiamento, comunque avviare o aprire un attività online è similabile a qualsiasi altra attività

commerciale, pertanto occorre aprire una partitia iva,

fare delle comunicazioni al comune e camera di commercio e altro, pertanto bisogna informarsi bene da un commercialista per avere un idea chiara di

tutto l'iter da seguire per avviare un attività online seguendo le leggi che

regolamentano il commercio elettronico.

Per quanto riguarda il diritto di

recesso facendo riferimento all'ambito delle vendite online è il diritto del

consumatore di ripensamento sulla merce o

servizio acquistato senza dover dare nessuna spiegazione al venditore entro i termini previsti dalla legge, esiste una procedura da seguire per avvalersi di tale diritto come ad esempio inviare una raccomandata o

compilare un modulo online piu' altri termini ed ogni venditore online deve esporre nei propri termini e condizioni i dettagli e le informazioni utili al cliente per potersi avvalere di questo diritto, essendo una norma che come tale puo' subire variazioni vi invito ad approfondire ulteriormente nel web gli ultimi aggiornamenti.

In linea di massima il diritto al ripensamento è una tutela per il consumatore ed ha un tempo prestabilito di 14 Giorni e non si applica a chi effettua acquisti online per scopo di business, quindi non rientrano i b2b ma solamente i consumatori finali quindi riguarda i b2c essendo una tutela al consumatore che effettuando acquisti a distanza non puo' ad esempio provare la merce e toccarla con mano come invece puo' avvenire in un negozio fisico, dove non è previsto il diritto di recesso.

6. I costi da considerare

A primo impatto potrebbe sembrare economico vendere online rispetto ad un negozio fisico o un attività tradizionale ma i costi nascosti dietro quest'attività sono molti, anche se il potenziale di crescita rispetto ad un attività locale potrebbe essere molto soddisfacente.

Innanzitutto occorre considerare i normali costi di apertura e gestione di un attività commerciale, utenze, commercialista, inps, ecc.

Successivamente bisogna tener conto di un budget per creare e sviluppare la piattaforma e-commerce, manutenzione, hosting e una risorsa per gestire le vendite o comunque il tempo che ci porterà via gestire quest'attività, gestionale per gestire la fatturazione, pc e altro.

Oltre questi costi fissi e di Start-up i costi maggiori da tenere in

 considerazione sono le spese pubblicitarie,

ebbene si, perché la pubblicità online è il carburante che farà funzionare la tua attività, sempre se fatta bene con un ritorno sull'investimento positivo.

Poi ci sono i costi legati alla merce, fidi bancari, logistica, affitto magazzino, questi sono solo suggerimenti,

perché chiaramente variano in base al tipo di attività ma la cosa piu'

importante è identificarli per poter fare a priori un ottimo **Business Plan**.
Ora che abbiamo individuato ed annotato i principali costi andiamo avanti.

7. Le regole per vendere online

Il *prezzo competitivo* è senza dubbio uno tra i punti piu' importanti da tenere in considerazione, ma comunque dobbiamo prestare molta attenzione ad avere al contempo un buon margine di guadagno per garantire alla nostra

attività online di poter sostenere tutti i costi e soprattutto accantonare un margine per potersi sviluppare ed evolvere,

quindi se disponiamo di molta merce è bene concentrarsi maggiormente su quella parte di prodotti/servizi che riescono a darci questa condizione,

ossia prezzo competitivo ma allo stesso tempo un buon margine di

guadagno. Un altro punto è la **visibilità** ossia il *trovare facilmente i nostri prodotti dove ci aspettiamo di trovarli se fossimo clienti in cerca dei nostri prodotti/servizi*, quindi è molto importante anche calarsi nei panni del nostro potenziale target di riferimento.

La *disponibilità effettiva* della merce o la capacità di evadere gli ordini in tempi brevi è un altro tassello importante da tenere ben presente, perché è questo assieme ad altri punti che contribuirà a creare la nostra reputazione online e la soddisfazione dei clienti.

Infine un altro punto essenziale è predisporre un eccellente *Customer Care* per dare assistenza completa, rapida e competente agli utenti che mostrano un interesse verso i nostri prodotti o semplicemente richiedono informazioni aggiuntive rispetto a quelle date nel sito.

Queste sono le regole a cui prestare maggiore attenzione,

piu' avanti vedremo come altre regole potrebbero nascere direttamente dalle motivazioni d'acquisto che gli utenti mostrano di avere.

8. L'importanza del Marketing in un e-commerce

Per vendere online piu' che per ogni altra attività, *il Marketing è la componente piu' importante in assoluto* rispetto ad ogni altro aspetto,

potremmo avere il prodotto piu' economico e ricercato, la quantità di articoli piu' ampia in assoluto, le competenze ed un assistenza formidabile, un sito bellissimo e tecnicamente il piu' evoluto di tutti ma se non siamo visibili nel modo piu' efficace possibile, il nostro non sarà mai un progetto di vendita

online ben riuscito, è proprio qui nel Marketing, che dobbiamo trovare la

chiave del nostro successo, è questo il punto ci farà fare la differenza rispetto i nostri competitors.

Soprattutto c'è bisogno di sperimentare, testare, monitorare le nostre attività di marketing per raggiungere quel ritorno sull'investimento pubblicitario che permetterà alla nostra attività di espandersi in maniera esponenziale e

raggiungere traguardi inaspettati sopra ogni nostra immaginazione, dovrete cercare nel marketing la leva che vi premetterà di raggiungere un traguardo prima rispetto i vostri avversari. Come già anticipato in precedenza è

importante capire quali siano i giusti canali di vendita, perché il nostro sito è solamente l'ultima fase nel processo di acquisto che vedremo in seguito.

Quindi una volta individuati i giusti canali, bisogna imparare a capire come funzionano, come ripartire il nostro budget destinato alla pubblicità per

ognuno di essi, saper monitorare i risultati e riprovare con nuove campagne pubblicitarie affichè il nostro ritorno sia giustificato.

Per fare tutto questo c'è bisogno di preparazione, esperienza, competenze e soprattutto il tempo necessario per seguire questo aspetto.

Se vogliamo occuparcene in prima persona ma anche in questo caso ci si può affidare ad un consulente esterno, ad una Web Agency che potrà seguire tutti questi aspetti per noi, basterà considerare i costi, i risultati e cercare di capire l'andamento del nostro business.

9. I feedback

I commenti, la reputazione online, i feedback sugli acquisti sono tutti fattori che influenzano gli acquisti online e di conseguenza le vendite.

Avere dei feedback (Recensioni) sul nostro sito è la base di un buon sito molto attento alla soddisfazione di un cliente ma se il sito è un sito proprietario e il sistema di feedback non è certificato da un ente terzo, questi potrebbero risultare in alcuni casi non affidabili.

Esistono per questa esigenza dei siti di raccolta feedback esterni come ad esempio FoxRate facilmente integrabile con le principali piattaforme con sistema di feedback esterno che permette al vostro sito di mostrare dei feedback piu' affidabili. Il Sistema di Feedback piu' noto è quello di Ebay, tra i primi siti a conquistare la fiducia degli utenti con questo sistema ha dato la certezza di essere uno strumento molto apprezzato dai consumatori infatti si è esteso su tutti i maggiori e-commerce, siti con recensioni degli utenti.

10.L'iter di acquisto

Andiamo a vedere adesso in breve qual è il percorso che l'utente medio di solito percorre prima di arrivare alla conclusione di un ordine online.

Innanzitutto si parte da un bisogno o da un esigenza che l'utente possiede che magari non sapeva nemmeno di possedere, nel caso in cui abbia un

bisogno si reca su un motore di ricerca e cerca l'articolo o servizio di cui ha bisogno per avere maggiori informazioni, legge recensioni, guarda video, usa un comparatore di prezzi, partecipa ad una discussione su un forum, solo per ultimo step raggiungerà il sito del venditore dal quale ha deciso di acquistare, da qui si evince l'importanza del venditore di essere facilmente reperibile ed essere presente nei giusti canali dove il cliente si aspetterebbe di trovarlo. Nel caso in cui l'utente ha un esigenza che non sapeva di possedere

potrebbe trovarsi in un social network o sta guardando dei video su Youtube ed è in questa fase che una promozione video fa scattare in lui la voglia di compiere un azione e cliccare su quella pubblicità che lo fa atterrare

direttamente sul sito del venditore, dove potrà trovare le informazioni di cui ha bisogno e completare l'acquisto. Anche in questo caso l'utente potrebbe

uscire dal sito per poi rientrare a distanza di tempo per completare l'ordine, questo tipo di comportamento ha scaturito la nascita del Remarketing,

tecnica per riproporre i prodotti agli stessi utenti che hanno gia visitato in

precedenza il sito web o che hanno interagito con gli annunci pubblicitari.

Oggi il processo di acquisto del consumatore è diventato più complesso.

Prima di effettuare un acquisto online, il cliente può anche interagire con il brand attraverso molteplici canali di comunicazione.

E' dunque importante comprendere e monitorare il processo di acquisto del consumatore per sviluppare una corretta strategia di marketing.

11.Il mercato ecommerce in italia

Con la crisi economica in atto applicare una strategia di Rete per la propria azienda, di cui l'e-commerce è una componente e talvolta la risultante, non è più un'opportunità, ma una scelta improrogabile di sopravvivenza.

La Rete è come una scialuppa di salvataggio.

Chi riesce a salirci si salva, tutti gli altri vanno a fondo.

La Rete continua ad ottenere performance migliori rispetto alla distribuzione tradizionale.

È il canale di vendita che offre ad oggi le maggiori potenzialità in termini di crescita.

Nel 2012 il settore dell'e-commerce è cresciuto a due cifre, del 12% con un valore di 21,1 miliardi di Euro.

In un Paese in piena crisi economica è un dato che deve far riflettere le istituzioni, in particolare i legislatori che oggi pongono, volontariamente o meno, limiti allo sviluppo dell'e-commerce, e soprattutto le aziende.

Grazie alla diffusione dei dispositivi mobili, smartphone e tablet, e del mobile commerce, entro il 2015 il 50% della popolazione europea effettuerà acquisti on line. Nel 2013 l'e-commerce ha rallentato la sua corsa, con una crescita per la prima volta a una cifra (+6%).

Due settori hanno avuto una decrescita significativa.

L'editoria ha subito un calo di oltre il 20%, ed è stata assorbita in gran parte dal settore dei centri commerciali on line.

Si è persa progressivamente la divisione dei siti dedicati esclusivamente ai libri.

Il settore salute e bellezza ha visto un calo del 19%.

Nel 2014 l'e-commerce si è profondamente trasformato mantenendo una crescita invidiabile per un Paese abituato a vedere il suo PIL decrescere.

La crescita dell'8% è però ancora molto limitata se si considera che mercati come quello britannico che vale dieci volte tanto continuano ad avere crescite simili alle nostre o che il mercato mondiale dell'e-commerce galoppa con una crescita prevista per quest'anno del 20,9% che lo farà arrivare a 1600 miliardi di dollari entro la fine del 2015.

Pertanto abbiamo visto quanto sia importante per qualsiasi imprenditore

sapersi innovare e avere una presenza online professionale digitalizzando la

sua azienda o creandone una orientata direttamente al web, perché ormai

oggi il mercato online è una realtà di cui nessuno può permettersi di non

farne parte.

12.Motivazioni d'acquisto

Le principali motivazioni che spingono un utente ad effettuare un

acquisto online piuttosto che rivolgersi ai canali tradizionali come negozi fisici
sono i seguenti in ordine di importanza:

- Prezzo piu' economico,

- Comodità di acquisto senza uscire di casa e quindi ottimizzazione dei
  tempi,

- Velocità d'acquisto,

- Possibilità di acquistare prodotti non presenti nei negozi,

- Possibilità di confrontare i prodotti con altri simili,

- Possibilità di acquistare prodotti non disponibili in Italia,

- Possibilità di vedere i commenti dei prodotti lasciati da altri utenti,

- Maggiore assistenza sull'acquisto.

Dunque online è possibile risparmiare, trovare prodotti difficilmente reperibili ed avere a disposizione una grande scelta che difficilmente potremmo trovare nel negozio della nostra città, queste assieme a tanti altri vantaggi hanno contribuito allo sviluppo delle vendite attraverso questi nuovi media.

13.L'Usabilità della piattaforma

Come abbiamo già visto in precedenza la piattaforma pur se facente parte degli ultimi step del processo di acquisto è comunque una parte fondamentale perché è qui che avviene la vendita e transazione economica, pertanto per evitare di avere un cliente che arrivato fin qui esca e vada su un altro sito perché magari il nostro non è molto chiaro o non ispira fiducia, allora dobbiamo fare del tutto per avere una piattaforma stabile, veloce, chiara e facile da usare.

Ossia deve avere tutti quegli elementi che insieme vanno a definire l'usabilità della piattaforma e di conseguenza la user experience del nostro potenziale cliente.

Vediamo qualche attività da fare per migliorare l'usabilità del sito e-commerce come ad esempio iniziamo con il dire che non possiamo permetterci di risparmiare sulle immagini prodotto, che devono essere nitide e ben visibili.

Uno dei problemi maggiormente riscontrati dagli utenti che acquista online è quello di ritrovarsi con fotografie del prodotto prive di particolari, di scarsa qualità e a volte molto piccole e non poter vedere bene i dettagli. Immedesimiamoci in chi acquista in rete, ricordandoci soprattutto che l'ecommerce, a differenza di qualsiasi altro atto di compravendita, perde l'aspetto della fisicità e alcuni sensi vengono privati dell'opportunità di valutare cosa si stia acquistando.

Quanto meno, la vista deve essere preservata da questa menomazione dovuta all'immaterialità delle pratiche e-commerce e quindi dobbiamo fornire agli utenti le migliori immagini, possibilmente molto grandi e in buon numero per carpire tutti i dettagli e la qualità del prodotto che stiamo proponendo.

Per gli stessi motivi fin qui analizzati, anche contenuti del prodotto posto in vendita devono essere i più completi possibile.

Non dimentichiamoci dettagli tecnici importanti e se possibile aggiungiamo consigli d'uso particolareggiati come le modalità di lavaggio o la vestibilità se si tratta di un capo di abbigliamento, l'affidabilità e la durata della batteria per un dispositivo elettronico e via discorrendo.
I contenuti descrittivi dei prodotti e le eventuali review rappresentano i tradizionali consigli del commesso specializzato a cui i clienti sono abituati quando acquistano offline.

Descrizioni scarne e sprovviste delle informazioni utili non fanno altro che spingere l'utente a cercare altri dati altrove sul web, magari arrivando a valutare un nostro concorrente che, per quanto possa proporre lo stesso prodotto al prezzo più alto, risulterà più affidabile per la completezza delle informazioni fornite e quindi verrà prescelto per l'acquisto.

Quante volte, nella vita reale, siamo entrati in un negozio disordinato e ne siamo usciti a mani vuote?

Non è un caso che le migliori superfici di vendita siano organizzate in stand, padiglioni, tipologia di prodotti e via discorrendo.

L'ordine nelle proposte aiuta i clienti a orientarsi, a scegliere e quindi a effettuare l'acquisto.

E lo stesso vale per gli e-commerce: liste di prodotti infinite e mal organizzate e strutture di navigazione complesse non solo rendono difficile l'indicizzazione del portale,
ma confondono i visitatori che non riescono a trovare il prodotto a cui sono interessanti.
Inoltre, in queste condizioni, qualora il cliente non avesse un prodotto specifico in mente, non verrebbe neanche aiutato nella scelta di ciò che potrebbe acquistare.

Nel realizzare un e-commerce, per garantirne usabilità,
bisogna **semplificare**!

Semplificare la struttura di navigazione significa migliorare l'usabilità e-commerce e permettere agli utenti di raggiungere ciò che desiderano in pochissimi clic.

In termini di clic, tutti i contenuti dovrebbero essere raggiungibili in un massimo di tre clic dal punto in cui l'utente si trova.

Il medesimo concetto deve essere applicato al carrello: le operazioni di

acquisto e pagamento devono essere veloci, sia per semplificare i processi sia per evitare che l'utente abbia troppo tempo per ripensarci, affievolendo così il suo desiderio di acquisto. Come nei negozi tradizionali, le vetrine

hanno un valore fondamentale e anche per l'e-commerce la home page è importantissima.

Nell'esperienza offline, una vetrina spoglia, con pochi prodotti e, in generale, poco attrattiva non invita il cliente all'ingresso nel negozio e lo lascia

scappare via.

Allo stesso modo, nell'e-commerce la migliore usabilità passa attraverso la home page, che deve essere graficamente attraente e ricca di prodotti particolari, capaci di attirare l'attenzione del visitatore e indurlo a esaminare le altre pagine.
Non trascuriamo nulla della home page, dalla scelta dei prodotti al modo di presentarli, dai colori ai contenuti, fino alle font scelte.

Il discorso delle font meriterebbe un approfondimento a parte, ma in questa sede ci basti sapere che nella home page e nella pagine interne le font sono di fondamentale importanza, per distinguere e mettere in risalto i prezzi dei prodotti in offerta e gli slogan promozionale, oltre a rendere facilmente fruibili i contenuti descrittivi delle merci.

Infine, dobbiamo verificare che il nostro sito e-commerce sia raggiungibile e visitabile dagli utenti con tempi di caricamento bassi.

Siti lenti rischiano di essere abbandonati prima della visualizzazione della seconda pagina.

Ne deduciamo che maggiore è la lentezza di caricamento, minore è l'opportunità di conversione.

Per verificare i tempi di caricamento del nostro sito, possiamo utilizzare *Pingdom*, per una valutazione dei tempi di caricamento.

Una volta ottenuti i valori numerici del test, dobbiamo interpretarli in questo modo:

da 0 a 1 secondo: i tempi di caricamento sono davvero eccellenti;

da 2 a 3 secondi: siamo nella norma, ma possiamo ancora migliorare;

oltre 4 secondi: abbiamo tempi di caricamento troppo lunghi per cui dobbiamo eliminare gli elementi a lungo download, dobbiamo ottimizzare le dimensioni e la qualità delle immagini e magari dobbiamo cambiare servizio di hosting, affidandoci a soluzioni di alta qualità per un e-commerce davvero efficiente.

14.Distribuzione e Comparatori di prezzo

Nel web la distribuzione intesa come la presenza dei nostri prodotti su piu'
canali possibili è essenziale per essere facilmente reperibili da ogni canale
venga usato dai nostri potenziali clienti per ricercare un prodotto, a tal

proposito i comparatori di prezzo sono un ottimo strumento non solo per

avere maggiore visibilità ma anche per rendersi conto dell'effettiva competitività dei nostri prezzi.

I Siti di comparazione prezzi sono moltissimi sia gratuiti che a pagamento ma
quelli che hanno un buon ritorno sono davvero pochi, posso dire con certezza
che in Italia Trovaprezzi è uno dei migliori comparatori di prezzo per

determinati articoli tipo l'elettronica, arredamento casa, oggettistica, e molte
altre categorie quindi quando si decide di iniziare ad utilizzare i comparatori di
prezzo questo è senza dubbio il primo da cui iniziare.

Poi per seguire la regola della distribuzione cerchiamo di essere presenti su
piu' comparatori possibili.

15.SEO+SEA=SEM

Con il termine SEO si indica Search engine optimization ossia ottimizzazione per i motori di ricerca, questo sta ad indicare tutta una serie di azioni che vanno compiute sia all'interno del nostro sito, sia nella rete per rendere il nostro sito ottimizzato per i motori di ricerca e quindi guadagnare posizioni visibili rispetto a siti meno ottimizzati o con contenuti di piu' bassa qualità, i parametri sono molti quindi vi consiglio di seguire un corso seo o affidarvi ad un SEO Specialist o Web Agency in modo da indirizzarvi verso questa ottimizzazione del vostro sito.

Mentre con il termine SEA si indica Search Engine Advertising quindi pubblicità nei motori di ricerca come ad esempio Google Adwords e campagne Pay per Click.

Queste due attività assieme vanno a formare il SEM search engine marketing quindi a livello globale il marketing per i motori di ricerca racchiude queste due attività.

Questa nozione teorica serve a farvi avere un ampia panoramica di quali possano essere le attività da intraprendere per raggiungere ottimi risultati ma sono comunque aspetti tecnici che nel dettaglio potete approfondire voi stessi attraverso guide o manuali specifici o affidandovi a web agency specializzate.

16.Importanza del MOBILE

Si stima che nel 2016 piu' del 50% degli acquisti online saranno effettuati da Smartphone o dispositivi mobili come tablet.

Oggi avere un sito Mobile o meglio Responsive è piu' importante che mai per diversi motivi, quali la maggiore visibilità nei motori di ricerca, la migliore usabilità dell'utente finale, una velocita e di conseguenza una fruibilità maggiore da questi dispositivi. I tuoi clienti possono così sfogliare, scoprire e acquistare in qualsiasi momento e luogo.

Grazie a un processo di acquisto facile e veloce anche sui dispositivi mobili, sarà semplice acquisire nuovi clienti e fidelizzare gli attuali.

Gestisci facilmente il tuo negozio da smartphone o tablet grazie a un back-office disegnato in maniera responsive. Ovunque ti trovi, sarai sempre connesso alla tua attività, questi sono solo alcuni dei vantaggi che si possono avere partendo sin da subito con un sito Mobile.

17.Le fonti di traffico

Le fonti di traffico sono generalmente quei luoghi da cui il nostro potenziale
cliente arriva sul nostro sito, ad esempio altri siti web con dei banner

pubblicitari, articoli di un sito editoriale contenenti dei link verso il nostro sito,
ecc e quindi hanno bisogno di un attenta analisi e studio preliminare per

evitare di sperperare tempo e soldi, in quanto nella rete possiamo trovare

 migliaia di spazi pubblicitari di diverse forme in grado di generare piu' o
meno traffico verso il nostro sito web ma occorre sempre prestare la

massima attenzione al risultato finale che andremo a produrre. Infatti una

fonte di traffico adatta ad un tipo di settore merceologico potrebbe non essere
adatta ad un altro, quindi occorre individuare bene nel singolo caso specifico
qual è tra i principali canali usati dai nostri competitors quello in grado di

generare un ritorno piu' soddisfacente e sperimentarne sempre altri.

Per individuare quindi le giuste fonti di traffico occorre sperimentare per
medo/lunghi periodi i canali principali, poi bisogna analizzare i risultati e

mantenere le migliori per concentrare gli sforzi su quelle con il miglior ritorno
sull'investimento.

Ma in ogni caso c'è quasi sempre bisogno di un monitoraggio costante

perché la fonte di traffico buona oggi non potrebbe piu' esserlo domani.

18.Funnel di Vendita

Parliamo adesso di Funnel Di Vendita, ossia l'imbuto che si viene a creare quando canalizziamo il traffico da piu' fonti diverse.

In questo caso andiamo a creare un vero e proprio Funnel di Vendita formato da vari step che l'utente percorre prima di giungere alla conclusione

dell'ordine sul nostro sito pertanto per monitorare tutti gli aspetti di ogni fonte di traffico e capire dove intervenire e cercare di essere sempre piu' dalla

parte dell'utente, occorre installare sul nostro sito uno script per poter

monitorare attraverso dei tools come google analytics le statistiche dettagliate del nostro sito, monitorando tutto il percorso che l'utente fa prima di arrivare sul nostro sito e addirittura prima di completare un ordine o in quale fase e in quali casi l'utente abbandona il sito. Per Funnel Marketing si intende anche il processo formato da vari step, attraverso il quale si guida un utente a

percorrere un tragitto guidato fino al compimento di un azione prestabilita, come ad esempio far atterrare l'utente su una pagina web di atterraggio (Landing Page) con presentazione dei nostri prodotti/servizi, acquisire il

contatto (lead) tramite promozioni o materiale gratuito e tramite azioni di email marketing educare ulteriormente l'utente sul nostro prodotto o servizio fino a guidarlo verso un azione precisa come l'acquisto di esso.

L'e-commerce di per se già è una forma di funnel per come è strutturato, quindi in questa guida viene inteso come la canalizzazione da piu' fonti di traffico verso il proprio e-commerce dove vengono completati gli altri step.

19.Il monitoraggio del ROI

Mai come adesso che abbiamo un quadro della situazione è importante

capire il perché dell'importanza del monitoraggio del ROI

(Ritorno sull'investimento), che si calcola con questa formula:

ROI = (Entrate − (Costo della merce venduta+spese pubblicitarie))/(Costo della merce venduta+spese pubblicitarie)

 e rappresenta in genere il parametro piu' importante per un inserzionista.

L'importanza è dovuta dal fatto che potendoci concentrare su quei canali di vendita che generano un ROI positivo evitiamo di perdere tempo e soldi per impostare campagne pubblicitarie che non generano profitto e magari

possiamo evitare strategie errate, facendo scelte piu' adatte e tenendo sotto controllo il profitto che hai realizzato attraverso i tuoi annunci rispetto alla spesa che hai sostenuto per essi.

20.Le statistiche

Il monitoraggio e l'interpretazione delle statistiche sono alla base di un Ecommerce di Successo perché è da lì che possiamo avere il controllo del nostro business,

il Business Analyst Dovrà essere in grado di **anticipare**,

attraverso le informazioni ricevute e la percezione dei problemi rilevati,

i principali cambiamenti di scenario in cui l'organizzazione si troverà ad

operare nonché i punti di forza e di debolezza su cui intervenire in termini di architetture, soluzioni e implementazioni informatiche e informative, nonché adottare nuove strategie e/o migliorare quelle esistenti.

21.I canali gratuiti e i Social Network

Tra le tante sorgenti di traffico per il nostro sito a pagamento ci sono anche molte gratuite che impegnano solo il nostro tempo o quello di un nostro collaboratore e permettono di contenere i nostri costi promozionali, tra queste ci sono i Blog, i Comparatori di prezzo gratuiti, Forum di settore, directory gratuite e i Social Network dove probabilmente i nostri potenziali clienti trascorrono la maggior parte del loro tempo quando navigano in rete quindi è importante esserci in modo professionale e saperli sfruttare al meglio a nostro favore.

Avere dunque una presenza su tutti o quasi tutti i social network piu' utilizzati è importante ma lo è altrettanto pubblicare con regolarità dei post ben strutturati, rispondere ai commenti, prestare molta attenzione alle interazioni al fine di migliorarle nel tempo e generare cosi non solo traffico verso il nostro sito ma creare e *rafforzare la brand awareness* attorno al nostro marchio.

La Brand Awareness è il termine utilizzato nel marketing per indicare la
notorietà di un marchio,

quanto è conosciuto e in che modo viene percepito,

molti sono gli studi su questo ramo poco conosciuto tra le piccole e medie
imprese,

molto preso in considerazione invece dai grandi brand che puntano

a massimizzare i profitti lavorando anche e sopratutto attraverso questo

fronte molto vicino al "Passaparola" che sicuramente contribuisce ad

alimentarlo, perchè una buona strategia per fare brand awareness fara' in

modo che siano gli altri a diffondere il tuo nome quindi quello del tuo

e-commerce.

Ad esempio se dicessi "scarpe online" qual'è il "marchio e-commerce" che ti
viene in mente?
Se dicessi "libri" qual'è il primo sito e-commerce che ti viene in mente?

Ecco senza aver menzionato nessun e-commerce o Brand ti è venuto in
mente quel marchio o quel sito, questo è un esempio palese di ottimo Brand
Awareness, questi e-commerce sono riusciti nel tempo a far associare nel-
l'immaginario collettivo il nome della loro azienda al prodotto o servizio che
offrono online.

Sicuramente in un ottica medio/lunga, perchè la brand awerness è una strategia di medio/lungo termine che porta ad un abbattimento dei costi posizionandosi tra le migliori posizioni dal profilo costi/risultati, costo per contatto bassissimo.

Rispetto ad altri rami del marketing la brand awareness è come paragonare volantini vs insegna, dove per volantini paragono le campagne pubblicitarie Pay per click, per insegna associo una buona presenza sui social, un ottima strategia SEO, la cartellonista Offline per promuovere il nostro ecommerce su un territorio specifico, bisogna pensare alla comunicazione a 360°.

Ad esempio pubblicare su youtube dei video in cui mostriamo il nostro lavoro o recensiamo dei nostri prodotti può dare ottimi risultati in termini di visibilità a costo zero, sempre ammesso che si usino i giusti Tag, vengano inserite le giuste Keywords e il video sia accattivante e riesca a catturare l'attenzione dopo essere stato trovato.

In generale anche per gli altri Social media valgono le stesse caratteristiche e cioè saper strutturare i post in modo professionale, con le giuste parole

chiave, immagini particolari, ecc.

L'importante è capire quali sono i social giusti per il proprio settore e curarli con costanza settimanale al fine di farli crescere e creare un interesse attorno ai nostri prodotti/servizi.

22.Canali di vendita per i B2B

Se il nostro Business si basa su vendita di prodotti b2b allora in questo caso l'argomento cambia e non poco in quanto adottare una strategia pubblicitaria che va a posizionarci sui canali di vendita dei nostri stessi clienti potrebbe

rivelarsi una strategia fallimentare in quanto rischieremo di metterci in

concorrenza diretta con i stessi nostri clienti, vanificando il loro sforzo

promozionale nei confronti dei nostri prodotti.

Infatti in questi casi meglio posizionarsi su portali settoriali come directory b2b con il fine di aumentare i nostri clienti b2c senza andare a metterci in concorrenza con loro stessi.

In tal senso esistono le vendite in dropship ovvero possiamo occuparci

solamente di fare da magazzino e spedire per conto dei nostri clienti e

lasciare a loro b2c di vendere al consumatore finale attraverso i piu' noti

marketplace o comunque lasciare a loro la strategia di vendita e il contatto diretto con il cliente finale.

In questo caso i nostri sforzi economici potrebbero essere concentrati

sull'approvvigionamento delle scorte di merci e una maggiore competitività per il nostro network non rischiando investimenti pubblicitari erronei.

In questo modo dobbiamo occuparci solamente di creare un e-commerce rivolto ai clienti b2b fornendo loro una scontistica per poter rivendere i nostri prodotti e creare un feed di dati xml o csv

contenente il nostro listino/magazzino da fornire ai nostri clienti acquisiti o a piattaforme di dropship le quali si occuperanno anche di trovarci i clienti b2b sottoponendo il nostro listino al loro network e fornendoci tutta l'assistenza tecnica e infrastrutturale per poter far fronte a questo tipo di vendite.

23.I Marketplace

I marketplace sono i siti internet di intermediazione per la compravendita di un bene o un servizio come ad esempio i piu' noti Ebay o Amazon.

Il Marketplace in genere è una garanzia per le vendite in quanto ci assicura una grande visibilità e affidabilità in cambio di una percentuale sul venduto. Prima di aprire un proprio ecommerce sarebbe una *best pratice* testare delle vendite tramite dei marketplace sia per capire la reale fattibilità del nostro progetto, sia per vendere in tempi rapidi con costi relativamente contenuti. Bisognerà poi tenere sempre sottocontrollo i reali costi che ci comporta un marketplace e confrontarli con quelli del nostro ecommerce e relativi costi connessi.

In ogni caso è buono essere presenti sui maggiori Marketplace anche per un ritorno in termini di popolarità del marchio.

24. Assistenza Clienti

Una buona assistenza clienti è la chiave del successo di alcuni noti siti

internazionali, a volte basta una minima differenza per decretare quale sia il

sito preferito da un utente e una buona assistenza clienti a volte viene

preferita a discapito di un migliore prezzo.

Pertanto è bene organizzarsi con un sistema di ticket online per le richieste di

assistenza post vendita e un attenta ed immediata chat online piuttosto che

dei numeri telefonici e degli operatori competenti e sempre disponibili, perché

è proprio qui che entra in gioco la bravura dell'assistente/venditore

consigliando il prodotto giusto, rassicurando e togliendo gli eventuali dubbi

ai clienti, decretando la vendita.

25.I Corrieri

Dopo un attenta assistenza siamo riusciti a far completare il nostro primo

ordine, abbiamo preparato un pacco perfettamente confezionato ma se non

arriva a destinazione in 24/48h sano ed integro il nostro primo cliente potrebbe non essere piu' soddisfatto di averci scelto rovinando la nostra reputazione non consigliandoci ad amici o conoscenti o magari lasciando una cattiva

recensione sul nostro sito.

Per questo motivo l'ultima fase ossia quella della consegna dev'essere fatta da veri professionisti del settore pertanto scegliere grandi società di trasporti e magari testarne due o tre per trovare quella migliore, anche se in questo caso è bene vedere quali sono i corrieri utilizzati dai nostri competitor di maggior successo e partire con essi.

Il corriere è colui che gestirà anche eventuali resi, contrassegni,

assicurazioni per oggetti rotti o smarriti pertanto è bene affidarsi a società non improvvisate.

26.I Fornitori

Il fornitore se decidiamo di vendere in dropship meglio sceglierlo con cura, acquistare delle prime cose per capire come gestisce la logistica, in quanto tempo evade gli ordini, se invia pacchi anonimi o mette i suoi riferimenti sul pacco destinato al nostro cliente, quindi sceglierli con attenzione e massima accuratezza in quanto è qui che si basa il nostro business, scegliere i giusti partner forse decreterà il nostro successo.

In alternativa se facciamo magazzino bisogna affidarsi all'esperienza del

settore di ognuno di voi e cercarli magari su siti b2b come Alibaba o in fiere di settore…

27. Il Magazzino e Il Dropshipping

La gestione di un e-commerce comprende anche la gestione magazzino e della logistica.

La **gestione del magazzino**, è parte integrante del nostro business. Sappiamo quanto sia importante, per far crescere la nostra attività e la soddisfazione del cliente, chi compra online vuole che il prodotto acquistato arrivi nel minor tempo possibile.

Una delle decisioni più importanti che dobbiamo prendere in merito alla nostro sito riguarda la modalità di gestione del magazzino. Prima di tutto dobbiamo capire se per noi è più conveniente possedere o meno un magazzino fisico.

Scegliere la gestione e-commerce con magazzino fisico comporta un investimento notevole in termini di tempo e denaro, perché dobbiamo acquistare o prendere in affitto un immobile e far fronte alle spese legate alle utenze
fisse, scaffali, allarmi, assicurazioni, ecc. Inoltre, dobbiamo avere a disposizione un certo numero di pezzi per ogni articolo da vendere.

la gestione diretta del magazzino ci consente di avere tutto sott'occhio e intervenire tempestivamente in caso di problematiche legate all'approvvigionamento delle merci.

Se invece non abbiamo abbastanza fondi da investire, la soluzione migliore per noi potrebbe essere quella di affidarci al dropshipping. Il dropshipping ci permette di avere una gestione virtuale del magazzino, perché i prodotti che vendiamo sono nel magazzino di chi li produce o li commercia all'ingrosso.

L'acquirente compra la merce che gli interessa dal nostro sito e-commerce, noi incassiamo e paghiamo il nostro fornitore, che invia la merce al cliente finale.

Quindi è come se lavorassimo sul venduto evitando rimanenze, ecc. Non dobbiamo investire tempo e denaro nella gestione di magazzino, non dobbiamo acquistare prodotti che non siamo sicuri di vendere e neppure occuparci delle spedizioni, ma resta fondamentale la scelta dei fornitori.

In questo modo potremo impegnarci di più nello sviluppo di strategie mirate di marketing.

28.I collaboratori

Come abbiamo visto sono molti gli aspetti che si toccano nella gestione di un sito e-commerce pertanto dobbiamo essere in grado di capire di cosa

possiamo occuparci in prima persona e cosa possiamo delegare,

ma soprattutto individuare sempre con l'esperienza e con il tempo quali sono le figure che ci conviene prendere come collaboratori interni/dipendenti e quali servizi o mansioni esternalizzare, esistono dei portali come Fiverr con cui è possibile trovare collaboratori a distanza, magari per lavori grafici o

tecnici.

Inizialmente possiamo trovare facilmente qualche collaboratore che lavorerà per noi a progetto e in remoto, in rete sono molti i siti sui quali possiamo

ingaggiare freelance per vari progetti, da lavori grafici a lavori di

programmazione o data entry, a seconda delle nostre esigenze. Addirittura ci sono servizi di segreteria a distanza con numeri telefonici a noi dedicati e comunque quasi ogni mansione e possibile farla attraverso

aziende specializzate o in proprio a seconda della convenienza.

29.I settori in crescita

I settori in crescita nell'ecommerce sono quasi tutti,

in quanto è proprio il mercato che si è spostato online per tutti i motivi visti in precedenza,

chiaramente è essenziale essere competenti e competitivi nel proprio settore, settori come l'abbigliamento,

arredamento per la casa e soprattutto l'alimentare con i prodotti tipici stanno avendo un impennata negli ultimi tempi,

ma comunque una volta individuata la propria nicchia di mercato bisogna

essere impeccabili sotto ogni aspetto per competere nel mercato globale e

puntare all'internazionalizzazione della nostra azienda,

predisponendo il sito anche in altre lingue e attuare strategie di marketing non solo Local ma anche Global per essere sempre i numeri uno nel proprio settore nel World wide Web.

30.Le risorse utili

Tra le risorse utili da approfondire per avere una conoscenza completa del mondo e-commerce ci sono Skype per effettuare chiamate e videochiamate anche ottimo strumento per fornire assistenza, servizi come segretaria24 per non perdere mai nessuna chiamata in entrata, dropsheep e asta in griglia per chi volesse vendere all'ingrosso o per chi volesse avvicinarsi al mondo del dropshipping.

Poi le piattaforme opensource per fare e-commerce Magento, Prestashop e ultimamente si stanno sviluppando delle estensioni per adattare Wordpress all'ecomemrce come Woocommerce, frequentare forum e siti come Alverde, monetizzando, per scoprire il mondo delle affiliazioni e monetizzare il proprio sito o blog, nomadi digitali su cui attingere molte info utili, leggere millionaire o riviste di settore per stare sempre al passo con i tempi e sapere quello che succede attorno a noi nel mondo del business a livello generale,

vi consiglio di dare uno sguardo anche ad affiliationsoftware un ottimo sito per creare un sistema di affiliazione per il vostro e-commerce e quando vi sentite pronti lanciatevi in questo fantastico mondo delle vendite online.

Un ringraziamento speciale per aver letto questa mia mini guida,

nella speranza che ti sia di aiuto o che ti sia servita a cogliere degli spunti

interessanti sul mondo delle vendite online.

Seguimi sui social…

Un caro saluto

Antonio Costanzo